¡Mi mamá me adora!

Texto: Francesco Pittau / Ilustraciones: Bernadette Gervais

¡Soy muy goloso!

¡Soy muy, muy, muy torpe!

¡Grito sin parar!

¡He pintado a mi perro
de rojo!

¡No me gusta
lavarme!

Soy muy,
muy distraído...

Me dan miedo
las arañas...

Pego mocos
por todas partes...

He cortado las cortinas
de mi habitación...

Me paso el día
viendo la tele...

Soy muy tímido...

Me da miedo
la oscuridad...

Y aun así

¡mi mamá ME ADORA!